만인시인선 · 36

달빛 환상

이익주 시집

달빛 환상

만인사

시인의 말

동강 난 허리 밑으로
육십년을 한결같이 울먹이며 흘러내리고 있는
왜관 철교 밑 저 낙동강물을 종종 멍하니 내려다보곤 하였다.

피난민의 잿빛 가슴을 적시던 그 울음의 물줄기는
비가 오고 바람이 불면
지금도 내 가슴에서 작은 물결을 일으키며 철썩이고 있다.

일찍 떠난 아버지 무덤가로
종가 대숲 서러운 바람이 조용히 머물면
어린 시절 내 꿈은 저 강물에 섞이어 흐르고 또 흘러갔다.

이제
나는 새로운 희망으로 꿈틀대는 강물을 굽어보며
세월에 삭은 그 슬픔의 물소리 한 다발을 엮어
『달빛 환상』이라 이름 지어 세상에 내놓는다.

차 례

시인의 말 ———— 5

1

난을 보며 ———— 13
墨을 갈며 ———— 14
화무십일홍 ———— 15
告解 ———— 16
달빛 환상 ———— 17
맨 처음 ———— 18
일출 ———— 19
목련 ———— 20
달마도 ———— 21
묵상 ———— 22
십자가 ———— 23
염천 ———— 24
어두움 ———— 25
암각화 ———— 26

2

아지랑이 29
떠나가는 그대에게 30
진달래 31
달무리 32
수은등 33
능소화 연정 34
봄밤 35
갈대 36
애모 단상 37
만추 38
석양 39

3

여우비 43
들꽃 마을 44
삼복 45

차 례

착각 — 46
기지촌 — 47
해질 무렵 — 48
가을 자투리 — 50
가을새 — 51
6월의 몸짓 — 52
절규 — 53
울먹이는 낙강 — 54
철원 노동당사 — 55
새벽이슬 — 56

4
박 — 59
회상 — 60
종가 — 62
어머니 — 63
고향 散調 · 1 — 64
지례 장터 — 66

고향 散調 · 2 —— 67
폐교 유감 —— 68
지신밟기 —— 70
풍경 —— 71
촛불 —— 72

5

풍악 —— 75
홍도 —— 76
월류봉 —— 77
청암사 —— 78
봉덕사 종 —— 79
조령산 —— 80
대둔산 소묘 —— 81
억새 산행 —— 82
선운사 단상 —— 83
백두산 기행 —— 84
주왕산 암벽 —— 87

울릉도 —— 88
독도 —— 89
부석사 —— 90
감은사 삼층 석탑 —— 91

| 해설 |

생명애를 향한 달빛 환상/이정환 —— 92

1

난을 보며

휘어진 난초잎에
세월만 쌓였겠다

그 날 떠내려간 말 없는 그 분 말씀

난초꽃
그윽한 향기
내 가슴을 적신다

墨을 갈며

1
챙길 것 챙기면서 하염없이 먹을 간다
헝클린 시간들을 한 올 한 올 빗질하면
불현듯 그윽한 향내 玉蘭 하나 들앉는다

2
웅크린 겨울밤이 벼랑 위에 서는 시각
세월의 가장자리로 밀려오는 만근 시름
회억의 진한 앙금이 운무처럼 내린다

화무십일홍

눈가의 잔주름 얼핏 칼금처럼 지나가고

거울에 얼비친 낯선 세월을 발견하다

다시는 돌아갈 수 없는 그 봄날의 그 길을

告解

오던 길 되돌아가며 어제를 반성한다
덜 아문 상처투성이 초침 뒤에 감추고
세월의
간이역에서
囚人처럼
떨고 있다

세상일에 가슴 베이며 또 무시로 방황하며
눈부신 것 다 접고도 소리 없이 흔들린다
긴 시간
제 둘레를 돌며
하염없이
떨고 있다

달빛 환상

본시 그건
무거운 침묵이 아니었다
태초의 죄목도 남아있을 여지가 없는

넉넉한 모습으로 다시 가득 안길 노래였다

저만치 등 돌린 채
흐느끼는 새벽은
속살 훤히 내보이고 오장을 다 쏟으며

정적도 얼어붙은 듯 가고 올 줄 모른다

맨 처음

장엄한 창세의 격랑 며칠간을 허우대다

이브의 아리따운 등장 죄의 사과로 유혹하면

걸출한
아담의 생이
어김없이 시작된다

일출

밤을 낮 삼아
뜨거운 저 풀무질

놋쇠를 들이붓고
곱게 구운 담금질

온 누리 잘게 두들겨
둥그렇게 띄운 아침

목련

가난한 도량으로
불러 모은 푸른 바람

아리아
곧게 선 자리
고고한 혼이 고여

억겁을
풀고 당기는
저 내세의 질펀한 향연

달마도

먹물 덤뻑 찍어
누르고 삐쳐내며

꺾이는 듯 멈추는 듯
휘달리는 붓 끝이여

무심한
그의 눈빛이
한 세상을 평정한다

묵상

바람 속
더욱 청청한
대숲이고 싶습니다

세월에 때 묻지 않고
작은 기쁨에 가슴 적시는

당신의
반짝이는 마음
별무리로 내리는 밤은

십자가

나락은 어디까지며
환생 또한 무엇인지
죽어서 다시 사는
깨우침은 언제쯤일지

빈 껍질
무거운 짐을
안고 가는 나의 길

염천

낙조
그도 무거워서
쏟아놓는 시름 위에

세상일
염천에 걸려
저며 오는 번뇌이면

적어도
이쯤에서는
끝나야 할 破天舞

어두움

넘치도록 따루어 논
한 잔 어둠 비우고서

갈대처럼 흔들리는
갈짓 자
걸음걸이

간절한
한 줌 소망이
풀잎처럼 꺾이던 밤

암각화

해와 달만 오고 가는 첩첩 산중에 숨어
풍화된 함성으로 소리죽여 외치다가
종내는 핏빛 노을만 쏟아놓고 누워 있다

2

아지랑이

관능적 손놀림으로 능숙하게 더듬다가

풋풋이 돋은 새순에 정을 곱게 심어놓고

저 혼자
홍건히 젖어
담채화로 피는 오후

떠나가는 그대에게

누가 이내 가슴 날선 바람으로 가르는가
끌어당기며 때로 풀었다가 다시 죄며
후두둑 음계를 밟고 떠나가는 그대는

아픔의 가장자리 맥을 찾아 짚어가며
피 묻은 손끝으로 뜯어내는 내 가얏고
또 다시 허일의 쓰림에 흐느끼고 있는가

지울수록 더 선명한 너의 흔적뿐이던 날
세월 또한 보름밤엔 속살 훤한 달로 떠서
한 맺힌 방망이질로 앙가슴을 파고든다

기왓골 타고 내리는 먼 하늘 우러를 녘
쇠락한 종가에도 댓잎 저리 짙푸르러
다 비운 가슴을 이리 찢어놓고 있는가

진달래

잔잔히 아려오는 꿈결 고운 기억들이

내미는 손끝마다 꽃이 되어 피어나고

연분홍 파도가 되어 내 가슴을 적신다

여직 못 다한 노래 밤 새워 홍얼대면

쏟아지는 그리움은 밀물처럼 밀려오고

바람에 허리를 틀며 저리 앞가슴 풀어놓다

달무리

보라
그대 슬픔이 속절없이 투영되는
고운
그 마음을 밤하늘에 뿌려놓고
조용히
자맥질하며
풀어내는 가슴앓이

세월의 아픈 관절 맥이라도 짚어가며
못 이룰 사랑이야
달무리로 걸어두자
긴긴 밤
어둠을 건너
다가오는 신새벽

수은등

희뿌연 안개 속을 짚어가는 초침 끝에
때 절은 저녁답이 속절없이 무너진다
시름도 어둠에 젖어 서성이는 그 곳에

늘 몸살을 앓던 그대 하얀 꿈은
한 올 실바람에도 서러움이 묻어나고
가을도 외면한 골짝 하염없이 핥고 있다

능소화 연정

고이고 넘친 노을 주체 못할 하늘은
벌려놓은 한 판 마당
변죽만 울리고선

어스름
달빛 뽑아서
감아올린 꿈 하나

은밀한 농담쯤
구름 속에 흘려놓고
찐득한 치잣빛 사연 한달음에 그려놓고

해거름
잽싼 몸놀림
거침없는 월담이다

봄밤

벼랑 끝 떠밀려 난
생각들은 부질없나

허연 가슴 내보이며
속이 타는 보름달도

접동새
처절한 울음
곱게 곱게 접어두고

갈대

시나브로
흔들리는
외로움은 두고라도

서러운 밤의 무게
허우대는 저 손짓

이제는
그대 속울음
바람 속에 묻는다

애모 단상

저 하늘 끝 끝에도 사랑은 떠다니나

향기로이 여울지며 가슴으로 파고드는

시방은
고운 님 기척
흰눈처럼
쌓
  이
    는
      밤

만추

떨며 섰는 가지 끝에
벌레 소리 묻어두고

바람이 떠난 자리
혼자 남아 익는 노을

높이 뜬
하늘 한 장을
筆墨으로 재운다

석양

하 세월 그리움 삭혀 저리 곱게 물이 들고
밉고 고운 사랑일랑 채로 걸러 뿌려놓아
결 고운
하늘 한 자락
둘러 쳐진 금빛 병풍

3

여우비

아침 햇살도 아직 다 펼치지 못한 시각
누군가 심술난 듯 분란을 떨고 있다

온 들판
헤집고 다니며
호들갑을 떨고 있다

들꽃 마을

좁은 하늘 후미진
우곡의 한 귀퉁이

한 겹 또 한 겹씩 어둠만 쌓이는 곳, 강물은 끝도 없이 이별을 쏟아놓고 바람은 지향 없이 떠돌다 서둘러 떠나간다

아이의
옹골진 손으로
빚어내는 환한 봄

삼복

칠석이 다가 올 무렵은
하늘에서 불이 내린다

火印으로 찍힌 도시는 신열을 그렇게 앓고

가열된
생각의 조각
별무리로 떠오른다

착각

도심 속 베란다 창문 열고 서 있으면
둘러쳐진 바닷가 창 넓은 찻집이고
가끔은 기러기도 날아 가슴 속을 지나간다

아파트숲을 지나 산까치 떼 몰려들고
어디부터 따라왔나 잎 부비는 도랑물 소리
소쩍새 황토 한 아름 그 속에서 알을 품다

세상 온통 무채색 천지 말라빠진 빌딩 숲속
도시병 어지럼증 채반 위에 건져놓고
깡마른 하오의 끝에 황소울음이 걸린다

기지촌

녹지 않는 앙금은 없다 여기는 열탕이다

휘파람 두어 번에 허물없이 눈짓주는
어쩌면 여인의 속살은 검은 지도 모른다

해질 무렵

황토빛 구름이며
겹쳐지는 그림자며

은은하게 절은 생을
서녘으로 돌려보면

마음도 해질 무렵은
노을빛에 젖는다

결 고운 가얏고
그리움 자아내면

허허론 가슴 속
울컥이며 일어서는

몸살 앓는 파도여
출렁이는 落日이여

뿌리째 흔들리는
아픔을 여기 두고

젖어 흥건한 아우성
그도 여기 앉혀두고

평생을 지고 온 하늘
미련 없이 부려 보자

가을 자투리

가풀막진 세월 언저리 내던져진 가을 햇살
구름은 하늘에서 둥기둥 무둥 타고

잔잔히
밀려오는 그리움
꽃노을에 젖는 산하

가을새

석불처럼 참선에 든 늦가을 허수아비

그 위로 찬연한 꿈 쪼아대며 너는 운다

철 지난 그리움 몇 장 서럽게 흩어놓고

6월의 몸짓

난타가 지난 자리
햇살 가득 뿌려놓고

아귀차게 쥐어뜯어
몸살 앓는 산하여

낱낱이
뒤틀리는 생애
걸러내는 한마당

절규

우리들 사는 날이
조금은 설익어도

가슴으로 안아야 할
불붙은 저 가을산

마지막
몸부림인양
신열이 더 뜨겁다

울먹이는 낙강

절규가 멈춘 자리 바람만 일어난다
외짝 군화 해묵은 상처 찬이슬로 들춰내며

진혼곡
산자락 흔들며
구비구비 펴는가

포성이 멎은 자리 흐느낌도 묻어두고
칠백리 길을 따라 피고 지는 들꽃이여

오늘도
핏빛 상흔을
헹궈내는
洛
東
江

철원 노동당사

삭아내린 시간들이 철조망에 걸려있고

앙상한 뼈대만이 쑥대밭에 앉았구나

포성은 간간히 울어 산자락을 흔든다

새벽이슬

또 한 겹 벗겨내면
현란한 아침이 열린다

청아한 옥피리 가락 하염없이 풀어내고

하얗게
맺힌 침묵은
햇살 안고 떨어진다

4

박

아슴한 고향 생각 은밀하게 품어 안고

나지막이 내려앉은 새하얀 그대 속살

황혼에
그리움 익혀
지붕 위에
내린 달

회상

1
자고산 돌밭머리
꿈 하나
빛나던 날

먼 하늘 먼 생각이
달빛으로 물이 들고

울 쌓는
쑥대 사이로
옥이 되어 굴렀나니

2
섭섭한 저 가을빛
무시로 향수가 되어

생각은 둥지에 앉아
꽃노을 타고 있고

허공을
자수로 꿰시던
어머니 희디흰 손

종가

기왓골에 묻힌 설움
이끼로 되살아 남고

대청마루 홍청 세월
회나무 끝에 앉아

지난 날
헛기침 소리에
날려버린 한 판 굿

백년 고목 백일홍은
신의 말씀 헤고 앉아

빈 사당 이, 저승 울음
감고 풀고 달래더니

요즘은
허리를 앓아
숨소리도 가빠라

어머니

뒤안 대숲 찬바람은 어매 가슴 비워 놓고
외론 들꽃 고운 향내 무덤가 적막 한 채
긴 삼동 바람길 타고 보살 내려옵니다

예순 일곱 서러운 달 물빛 고운 모시적삼
대처로 길을 떠나 비어 있어 빛 고운 산
이제는 고향 저 어귀 장승으로 지킵니다

고향 散調 · 1

질편한 금빛 노을
신아리랑
돌밭길은

명치 끝
아려오는
어린 시절 펼쳐놓고

바람은
햇살을 물고
문설주를 감고 돈다

수채화로 앉아 있는
멍든 바위
말이 없고

날 부르는 낯익은 목소리
들릴 것만 같은 저녁

가난만
덩거렁 남아
시렁 위에 앉아 있다

지례 장터

가난을
걸러 마셔도

늘
인정이 있던 그 곳

새벽잠 도려내고 집 나서던 설레임, 우시장 황소 울음, 눈물 뚝뚝 듣는 그 곳 질펀히 노을이 깔리면 막걸리 내음 향그럽고 속 빈 가슴 못내 아려 귀가하지 못한 사람아!

바람만
빈 장터에 모여
홍청대고 있었다

고향 散調 · 2

가벼운
생각 끝에도
사립문 절로 열리고

묵어 고운
추억들이
선연히 떠오른다

이끼 낀
세월 너머로
홍시처럼 붉은 사연

폐교 유감

물소리
골바람 소리
웃음소리 실어 가고

늦가을 산새 한 마리
아이들을 찾고 있다

철 지난
꿈이 또 하나
아리아리
저며 온다

햇살 같은 그리움
아스라한 타종 소리

운동장에 내려서서
적막을 응시하면

은밀히
바람도 풀어
山蘭 몇 촉
눈 틔운다

지신밟기

무거운 기왓골이
덩실덩실 춤을 춘다

허기진 딸꾹질로 마른 세월 씹어대던

살과 뼈 흰눈이 되어
산과 들을 덮는다

풍경

몸살 앓던 땅들이
기지개를 켜고 있다

무수한 사람들 속 사무치는 외로움

빈 터에
아이들 두셋
땅따먹기하고 있다

촛불

지장보살 모은 손 위로 어머님이 곱습니다
끊어질 듯 이어질 듯 마음밭은 꽃 핍니다

아버님
못 다한 情恨
소식 하나 내립니다

5

풍악

팽팽히 당겨진 정조준의 활시위는 설악을 한 바퀴 돌아 거칠 것 없이 날아가서 산골짝 구석구석에 냅다 불을 질렀다

홍도

파도는
돌아앉아
멍든 아픔 줍고 있고

때 이른
생각들 둘레마다 가득한데

두둥실
뭉게구름처럼
일어서는
섬.
  섬.
    섬.

월류봉

노을에
솔향을 얹어 물빛 같은 달이 가고

그 맑은 메아리 일렁이는 월류봉은

일순간
발목을 잡힌
영혼 하나
떠올린다

청암사

수도산 깊은 골짜기
옥빛 물 굴러가고

산처녀 풋사랑엔
그리움 번져난다

다소곳 앉은 절 하나
반겨 객을 맞는다

때로는 산그늘에
외로움도 적셔놓고

산새 울음 죄다 엮어
청아한 노랫가락

청산에 청산을 얹어
청암사가 그 쯤 있다

봉덕사 종

고운 고 꽃망울
밝은 웃음 새겨두고
천년을 울어도
아직도 울음이 남아
이따금
스치는 바람
꿈 속인가
아!
 에
  밀
   레

조령산

비 갠 후 조령산은
장삼 고깔 쓰고 나선다

물 오른 갈참나무숲
구름 한 자락 서성이고

누군가
일필휘지로
이화령을 앉힌다

대둔산 소묘

산맥에 맥이 뛰고 바위도 눈을 뜨나
칼 끝 같은 너의 자세 그 앞에 내가 서면
잃었던 한 폭의 생이 녹음으로 일어선다

혼돈 속 빠져들던 한 자락 푸른 마음
옥빛 하늘 한복판에 깃발처럼 나부껴라
저 멀리 허허로운 들판에 이 기상을 몰고 가자

억새 산행

붉은 노을에 부대껴
목이 타는 금억새는

혼자는 어쩌지 못해
아! 정말 어쩌지 못해

종내는
티 없이 하얀
속내 펼쳐 보이다

선운사 단상

푸름에 지친 선운사 동백숲을 지나치다
철새 떼 수런대며 무리 지어 내려앉아
도솔암 골 깊은 자락 도량 하나 품었다

백두산 기행

1. 天壇公園

하늘 향한 축수제가 回音壁을 돌아 나와
북경 희뿌연 하늘
연에 걸려 떨고 있다

天心石
밟고 선 자리 울렁이는 만장의 늪

2. 장백폭포

억겁의 영욕마저
찰나에 무너진다
백두 정상 한 허리 뚫어
천지에 다 쏟는다

도져서

아픈 허리를
갈기갈기 찢어놓고

3. 구룡폭포

신열 앓는 금강길에
바람소리 무너진다

아득한
하늘에 올라
하염없이
날다가도

해묵은
통곡소리마저
폭포수에
쏟아놓고

4. 천지연

그 날은 해와 달을 담금질로 익혀놓고

안개같이 꿈결같이
가슴으로 파고드는

절절한
미지의 秘史 품에 안고 누웠나

주왕산 암벽

애당초 피와 살은
가슴에 묻었었나

두 눈 지긋이 감고
이 자리에 좌정하여

천 갈래
만취한 바람
손끝으로 잠재웠다

울릉도

주황 빛깔 참나리꽃 지천으로 펼치는 곳

바다를 베고 누운
갈매기 떼 불러놓고

멀리선
추억 몇 자락
소나타에 잠겨든다

점점이 떠오르는 꽃 잠 못 드는 별이 되고

내리는 별꽃 무리는
무시로 시간을 쪼고

오색빛
소라의 꿈을
곱게 채색하고 있다

독도

파도가
가슴에 젖고
가슴이
시름에 젖어

섬 하나
세월 뒤에서
되새김질하고 있다

결 곱게
숱한 외로움
수를 놓고
있었다

부석사

태백산 바람 속을
목어는 헤엄치고

농익은 사과향에 당간지주 비틀댄다

내 마음
부석에 얹혀
구름처럼
정처 없다

감은사 삼층 석탑

그날 그 노을빛을 아득히 이고 서면

천년도 여기 와서 깃발처럼 펄럭인다

고요는 세월을 먹고 이끼처럼 앉았다

| 해설 |

생명애를 향한 달빛 환상

이정환(시인)

1

우리는 생명이다. 그러므로 늘 숨쉬고 생각한다. 어릴 적 살던 곳, 가슴 열고 뛰놀던 곳에 대한 그리움을 가지고 있고, 그곳에서 함께 어울려 지내던 식솔들에 대한 아련한 추억이 있다. 이를 두고 흔히 '토포필리아, 바이오필리아'라 이른다. 이러한 장소애와 생명애는 우리의 삶과는 분리될 수가 없다.

등단 20년이 넘도록 넉넉히 좌정하고만 있다가 마침내 다시금 시인이기를 온 세상에 널리 알리는 이가 있다. 바로 이익주 시인이다. 그의 시집을 두고 몇 마디로 단정해서 말하기는 어렵지만 '달빛 환상으로 엮은 토포필리아와 바이오필리아의 서정 세계'라 규정해도 무리는 아닐 듯싶다. 때로 눈물겹고, 또 때로는 가슴 저미게 하는 정서적 충격 속에 상실의 감정이 내

밀히 용해되어 있다. 우리는 모두 그러한 것에 대한 진한 향수를 품고 산다. 가능하다면 다시 돌이키고 싶은 강한 회귀 본능과 같은 정감은 어쩌면 우리의 개별적 삶을 부단히 영위케 하는 내적 추동력이 아닐까.

2

그의 시풍은 자연을 좇는다. 무리한 욕심을 내지 않는다. 강력한 응전과 같은 전투적 자세는 숨겨둔 반면, 가슴 속을 진솔하게 파고드는 진정성을 내장하고 있어 그 여운이 오래 간다. 사람이나 사물에 대한 애정에서 비롯된 그의 시편들은 나지막하게 속삭인다. 공감하여 주기를 강요하지 않으나, 혜안의 독자는 그의 시 세계의 비밀한 울음을 듣고, 다채로운 빛깔과 향기를 은연중 향유한다.

보라
그대 슬픔이 속절없이 투영되는
고운
그 마음을 밤하늘에 뿌려놓고
조용히
자맥질하며
풀어내는 가슴앓이

세월의 아픈 관절 맥이라도 짚어가며
못 이룰 사랑이야
달무리로 걸어두자
긴긴 밤
어둠을 건너
다가오는 신새벽

—「달무리」 전문

조동일은 시적 전이 과정을 '자아의 세계화, 세계의 자아화' 라는 탁월한 견해로 밝혀두었는데, 「달무리」에서는 자연스럽게 자아의 세계화를 읽을 수 있다. 달무리는 강력한 자기장을 가지고 있다. 흐르는 달무리를 유정하게 바라보는 사람이라면 인생의 비의를 생각하게 된다. 그냥 무심히 바라보고만 있지 않게 한다. 시인 역시 '달무리' 에서 '가슴앓이' 를 겪는다. 〈그대 슬픔이 속절없이 투영되〉는 것을 보라고 소리친다. 나만 보고 말 것이 아니라는 까닭에서다. 〈고운/그 마음을 밤하늘에 뿌려놓고/조용히/자맥질하며/풀어내는 가슴앓이〉가 세계의 자아화 과정이 그것이다. 그런 연유로 하여 자아와 세계, 세계와 자아는 동떨어질 수 없는 관계임을 알게 된다. 이러한 정서적 전이를 통해 자아는 다스려지고 치유된다. 또한 〈세월의 아픈 관절 맥이라도 짚어 갈〉 수 있는 것은 고운 그 마음을 가진 달무리

이기 때문이다. 못 이룰 사랑을 달무리로 걸어 두는 일 역시 자아의 세계화이고, 뒤이어 〈긴긴 밤/어둠을 건너/다가오는 신새벽〉은 세계의 자아화이다. 여기서 신새벽의 의미는 크다. 새로운 새벽을 맞게 되었다는 것은 가슴앓이가 웬만큼 극복되었다는 말이기 때문이다.

주목할 점은 시인에게 유독 달은 아주 유의미한 존재로 각인되어 있다는 사실이다. 「달무리」에서도 그렇고 다음 작품 「떠나가는 그대에게」에서도 잘 드러나며, 시집의 표제시인 「달빛 환상」은 더욱 그러하다. 그런 까닭에 그의 시 세계는 달, 혹은 달빛으로 변주되는 정서적 정황이 중요한 한 바탕을 이루고 있다 말하여도 지나치지 않을 듯 하다.

누가 이내 가슴 날선 바람으로 가르는가
끌어당기며 때로 풀었다가 다시 죄며
후두둑 음계를 밟고 떠나가는 그대는

아픔의 가장자리 맥을 찾아 짚어가며
피 묻은 손끝으로 뜯어내는 내 가얏고
또 다시 허일의 쓰림에 흐느끼고 있는가

지울수록 더 선명한 너의 흔적뿐이던 날
세월 또한 보름밤엔 속살 훤한 달로 떠서

한 맺힌 방망이질로 앙가슴을 파고든다

기왓골 타고 내리는 먼 하늘 우러를 녘
쇠락한 종가에도 댓잎 저리 질푸르러
다 비운 가슴을 이리 찢어놓고 있는가
—「떠나가는 그대에게」 전문

「떠나가는 그대에게」는 1988년 매일신문 신춘문예 당선작으로서 그의 시 세계의 중심 흐름을 짐작하게 하고, 언어 조탁 능력을 가늠케 하는 작품이다. 구체적인 사건이 드러나지 않고 있기 때문에 우리는「떠나가는 그대에게」에서 '그대'가 누구인지 쉬이 짐작하기는 어렵다. 그러나 넷째 수 중장에 나오는 '쇠락한 종가'라는 표현에서 근친과의 여읨을 알게 된다. 가슴을 날선 바람으로 가르는 이는 누가이나 결국 여기서 그대임이 밝혀진다. 그대는 떠나면서 〈끌어당기며 때로 풀었다가 다시 죄며/후두둑 음계를 밟고〉 간다. 아름다운 떠나감이다. 또한 '그대'는 아픔이고, 허일의 쓰림이며, 흔적이어서 앙가슴에 방망이질을 친다. 그리하여 끝내는 '다 비운 가슴'을 '찢어놓고' 가 버린다. 이 풀길 없는 회한 앞에 시인은 네 수의 애끓는 노래로 그 모든 것을 삭힌다.

「떠나가는 그대에게」는 토포필리아와 바이오필리아의 세계가 잘 융합되어 있어 우리로 하여금 떠남의 자세와 남겨진 자의 태도가 어떠해야 하는지를 진중하게 떠올리게 한다.

눈가의 잔주름 얼핏 칼금처럼 지나가고

거울에 얼비친 낯선 세월을 발견하다

다시는 돌아갈 수 없는 그 봄날의 그 길을
—「화무십일홍」 전문

앞서 잠시 언급했듯이 '자아의 세계화, 세계의 자아화' 라는 시적 전이 과정을 다시 상기할 수 있다. 「화무십일홍」에서도 그것을 본다. 초장과 중장에서 자신을 성찰한다. 칼금처럼 지나가는 눈가의 잔주름과 거울에 얼비친 낯선 세월을 읽고 불현듯 나이 들어감, 늙어 감을 감지하고 무상을 느낀다. 회복할 수 없는 지난날이다. 마음은 원이로되 현실적으로는 불가능한 것이다. 종장 〈다시는 돌아갈 수 없는 그 봄날의 그 길〉은 누구나 다 겪었던 아련한 과거이다. 꿈에 부풀던 시절의 연분홍빛 사연들로 가득하던 때이다. 종장에서 자아의 세계화를 강력하게 바라지만, 그것을 다시는 이룰 수 없다. 자아의 세계화를 향한 의지는 가지고 있지만 실현 불가능하므로 시인은 노래로서 그것을 해소하고 극복하고자 한다.

시적 진실은 이런 데 있지 않을까 싶다.

본시 그건
무거운 침묵이 아니었다
태초의 죄목도 남아있을 여지가 없는

넉넉한 모습으로 다시 가득 안길 노래였다.

저만치 등 돌린 채
흐느끼는 새벽은
속살 훤히 내보이고 오장을 다 쏟으며

정적도 얼어붙은 듯 가고 올 줄 모른다
—「달빛 환상」 전문

'달빛'에서 무거운 침묵과 태초의 죄목과 같은 유의미하고도 무거운 이미지를 떠올리고 있는 것은 결코 예사로운 접근 방식이 아니다. 첫수 초장의 정격을 다소 벗어난 과감한 리듬은 이 시를 견인하는 강력한 힘이 되고 있다. 달빛, 혹은 달빛 환상은 애초부터 〈무거운 침묵이 아니었〉고, 〈태초의 죄목도 남아있을 여지가 없는/넉넉한 모습으로 다시 가득 안길 노래였다〉는 것이다. 그러면 누가 무거운 침묵이라고 하였는가. 또 누가 태초의 죄목이 있을 거라고 여겼는가. 적어도 시인에게서 달빛은 노래이되 넉넉하기 이를 데 없는 모성적 품이었던 것이다. 여기서 우리는 세계의 자아화 과정을 보게 된다. 달빛을 통해서 결국 〈넉넉한 노래〉를 향수할 수 있기 때문이다.

둘째 수에 와서는 더욱 의미가 심화된다. 〈저만치 등 돌린 채/흐느끼는 새벽은/속살 훤히 내보이고 오장을 다 쏟〉는 고통을 보인다. 한 존재가 얼마나 치열하게 그리고 열정적으로 고뇌하며 사는 지를 엿보게 하는 대목이다. 특히 종장 〈정적도 얼어붙은 듯 가고 올 줄 모른다〉가 주는 울림은 의미심장하다.

팽팽히 당겨진 정조준의 활시위는 설악을 한 바퀴 돌아 거칠 것 없이 날아가서 산골짝 구석구석에 냅다 불을 질렀다

—「풍악」 전문

휘어진 난초잎에
세월만 쌓였겠다

그 날 떠내려간 말 없는 그 분 말씀

난초꽃
그윽한 향기
내 가슴을 적신다
—「난을 보며」 전문

비 갠 후 조령산은
장삼 고깔 쓰고 나선다

물 오른 갈참나무숲
구름 한 자락 서성이고

누군가
일필휘지로
이화령을 앉힌다
—「조령산」 전문

단시조로서 일정한 성취를 보이되 빛깔이 다른 작품들이다. 「풍악」에서 〈팽팽히 당겨진 정조준의 활시위〉는 단순히 활시위로만 볼 것이 아니다. 단호한 의지나 확고한 목표 의식이 될 수 있다. 거칠 것 없이 설악을 한 바퀴 돈 '활시위'는 끝내 불을 지르고야 만다. 그렇다. 우리가 마음 다잡아먹고 달려들어 시작한 일은 이렇듯 하나의 높은 성취에 이르게 된다. 산골짝 구석구석에 냅다 불을 지른 것은 활시위가 모름지기 바랐던 일이다. 처음부터 하고자 했던 그 일을 해낸 것이다. 이 시편에서는 자아의 모습은 어디에도 보이지 않는다. 일견 풍경 묘사에 그치는 듯 하다. 그러나 앞서 말한 것과 같이 자아는 풍경의 이면에 숨고, 세계가 스스로 말하게 하고 있다. 그러면서 결국 세계의 자아화라는 목적을 달성한다.

다음으로 「난을 보며」를 보자. 세월만 쌓인 난초잎에서 그 분 말씀을 읽는다. 〈그날 떠내려간〉이 여기서는 의문을 주는 표현이다. 그러나 매우 주관적인 시에서 이러한 구절은 상상의 폭을 넓힌다는 점에서 개성적이다. 필시 난초 향기와 관련을 맺고 있을 것이다. 〈그 분의 말씀〉이 오늘도 내 가슴을 적신다. 그렇기에 난은, 난의 향기는 그 분의 현현이다. 한 사람을 이렇듯 따사로이 붙드는 그 분의 생애가 독자에게 은은한 향기로 전해진다.

「조령산」은 의인법을 적절하게 구사하고 있다. '장삼 고깔 쓰고 나' 서는 조령산의 모습에서 한 스님의 여유로운 행보를 대한다. 갈참나무숲과 구름 한 자락과 한 호흡이 되는 조령산, 혹은 한 스님이 등장하는 정경을 통해 우리는 비 갠 후의 드맑고 높푸른 대지의

정기를 듬뿍 들이마시게 된다. 그 때 누구인지는 알 수 없지만, 일필휘지로 이화령을 앉힌다. 그리하여 화면은 완성된다.

그가 바라보고 노래하는 자연은 정경 묘사에 그치지 않고 그 이면에 다른 의미를 탑재하고 있다. 더불어 원기왕성한 생명력을 느끼게 한다. 그런 관점에서 그의 작품에 접근하여야 할 것이다.

오던 길 되돌아가며 어제를 반성한다
덜 아문 상처투성이 초침 뒤에 감추고
세월의
간이역에서
囚人처럼
떨고 있다

세상일에 가슴 베이며 또 무시로 방황하며
눈부신 것 다 접고도 소리 없이 흔들린다
긴 시간
제 둘레를 돌며
하염없이
떨고 있다

—「고해」 전문

그는 신앙인이다. 고해성사를 한다. 기실 자성은 끝이 없는 것이다. 어디 〈세월의 간이역에서/囚人처럼〉 떨기를 한두 번이었겠는가. 반성에 반성을 더하지만 고해할 것은 쌓이게 마련이다. 상처를 입고 방황을 거듭한다. 세상 사람이 다 좋다하는 눈부신 것 다 접었지만, 자신도 모르게 소리 없이 흔들리곤 한다. 인생은 〈긴 시간/제 둘레를 돌〉면서 하염없이 떨게 할 뿐이다.

누군가 현대인들에게 가장 부족한 점이 무엇인가 묻는다면 간절함이라고 답할 수 있을 것이다. 이 시편은 우리에게 가장 필요하나 애써 외면하고 사는 내적 결핍의 한 요소인 간절함을 내장하고 있다.

시나브로
흔들리는
외로움은 두고라도

서러운 밤의 무게
허우대는 저 손짓

이제는
그대 속울음
바람 속에 묻는다
—「갈대」 전문

흔한 소재인 갈대를 새롭게 읽고 있다. 우리는 그 누구나 모두 외로움을 느끼며 산다. 군중 속의 고독은 거짓이 아니다. 오늘날 유명 연예인들의 급작스러운 타계는 사회적 병리 현상의 하나로서 쉬이 간과해서는 아니 될 문제이다. 아마 한 순간 절대 고독에 직면하여 종생을 스스로 선택한 것이 아닌가 한다. 그런 이들에게 그 순간 한 편의 아름다운 시가 떠올려졌다면 감히 죽음의 길로 그리 허망하게 내달려갔을까.

시의 화자는 갈대에서 〈서러운 밤의 무게/허우대는 저 손짓〉을 본다. 깊은 밤이 찾아와 혼자일 때 내리는 결단은 때로 극단적일 수가 있다. 그러나 그 자리에 누군가 함께 할 때 무서운 사태는 오지 않을 것이다. 종장에서 〈그대 속울음/바람 속에 묻는다〉 것은 자아의 세계화이다. 사람과 자연이 합일에 이르는 평화로운 모습이다.

고이고 넘친 노을 주체 못할 하늘은
벌려놓은 한 판 마당
변죽만 울리고선

어스름
달빛 뽑아서
감아올린 꿈 하나

은밀한 농담쯤
구름 속에 흘려놓고
찐득한 치잣빛 사연 한달음에 그려놓고

해거름
잽싼 몸놀림
거침없는 월담이다
—「능소화 연정」 전문

여름에 피는 능소화는 예사로운 꽃이 아니다. 어쩌면 요염하기까지 하다. 「능소화 연정」에서도 그것을 느낀다. '고이고 넘친 노을 주체 못할 하늘'에서 능소화는 다시 한번 거듭난다. 그 하늘은 〈벌려 놓은 한 판 마당/변죽만 울〉렸을 뿐이다. 그래서 〈어스름/달빛 뽑아서/꿈 하나〉를 감아올린다. 저녁에서 밤으로 옮겨간다. 은밀한 농담과 찐득한 치잣빛 사연을 안고 있는 능소화는 끝내 잽싼 몸놀림으로 '거침없는 월담'을 자행한다. 담을 넘는다는 것은 정도를 넘어서는 일이다. 사회적 통념을 뛰어넘어서 쟁취하고자 하는 그 무엇을 얻고자 한다. 즉 연정의 실행이다. 능소화는 그것을 해낸다. 아니, 시적 화자가 그것을 해낸다.

「능소화 연정」에서 우리가 깊이 공감하는 부분은 사

랑에 대한 적극적 발화와 실행이다.

도심 속 베란다 창문 열고 서 있으면
둘러 쳐진 바닷가 창 넓은 찻집이고
가끔은 기러기도 날아 가슴 속을 지나간다

아파트 숲을 지나 산까치 떼 몰려들고
어디부터 따라왔나 잎 부비는 도랑물소리
소쩍새 황토 한 아름 그 속에서 알을 품다

세상 온통 무채색 천지 말라빠진 빌딩 숲속
도시병 어지럼증 채반 위에 건져놓고
깡마른 하오의 끝에 황소울음이 걸린다
—「착각」 전문

「착각」에서 착각을 하고 있지만, 그 착각이 사람을 행복하게 한다는 점에서 소중하다. 「착각」은 은연중 그러한 사실을 상기시킨다. 도시에 사는 사람들은 각박한 환경 속에서 너나할 것이 없이 각박하게 살아간다. 그러나 세계로 향하는 창을 통해서 풍경과 마주하게 된다. 바다, 기러기, 산까치, 도랑물소리, 소쩍새, 소쩍새알, 황소울음과 만날 수 있다. 이러한 리얼리티가 제시되면서 각박함을 이길 수 있는 길이 있음을 넌

지시 일깨운다. 착각이 착각만이 아님을 알게 된다. 또한 역설적으로 도시인들이 각박함만을 탓할 것이 아니라 주어진 환경 속에서 생태학적 · 생명시학적 삶을 구가할 수 있음을 알려준다. 이런 점에서 그의 시각은 참신하다.

지금까지 '생명애를 향한 달빛 환상'의 세계를 일별하여 보았다. 그의 시편은 그의 인생과 같아서 진솔하고 진지하며 간절함이 배어 있다. 이러한 진정성은 사람을 사람답게 한다. 또한 이러한 덕목은 한 사람의 인생을 올곧게 견인하는 힘이다. 그는 내적으로 충일한 에너지를 가지고 있어 그것을 시조로 육화하여 보여준다.

3

시조시인 이익주, 그를 안 지 어느덧 서른 네 해가 흘렀다. 짧지 않은 성상 동안 가끔씩 오가며 문학에 대해 논하고 서로 격려하며 지내왔다. 시조로 말미암아 맺어진 끈끈한 인연이다. 그는 무척 다정다감하고 따사로운 성품을 가졌다. 그것은 스스로 노력한 점도 있겠지만 천성이다. 하늘이 내려준 은총 덕택이다. 그것이 그로 하여금 시조를 쓰게 만들었을 것이다. 오늘날까지도 시조를 쓰게 한 원동력이었을 것이다.

"마침내 시인이여!"

이제 그는 그렇게 목청껏 소리쳐도 되겠다. 첫 시집 『달빛 환상』을 비로소 상재하였기 때문이다. 인생의 후반기이지만, 아니 후반기이기에 더욱 원숙하고 깊이 있는 시 세계를 이룰 수 있을 터이다. 더구나 곧 교직에서 영예롭게 물러나게 된다. 그렇기에 정말 시작은 이제부터인 셈이다.

그의 시업의 길에 하늘의 축복과 같은 환한 빛이 늘 함께 하리라 믿는다.

이익주

1949년 경북 왜관에서 태어나 대구교육대학교, 대구대학교, 대구가톨릭대학교 교육대학원을 졸업하였다. 1988년 《매일신문》 신춘문예, 『시조문학』으로 등단하다. 한국문인협회 김천지부장을 지냈고, 김천시조시인협회장으로 있다. 김천교육상과 김천시문화상을 수상하였으며 김천 감천초등학교 교장으로 재직하고 있다.

달빛 환상

초판 1쇄 펴낸 날 / 2010년 7월 20일

지은이 / 이 익 주
펴낸이 / 박 진 환

펴낸 곳 / 만인사
등록번호 / 1996년 4월 20일 제03-01-306호
주소 / (우)700-813 대구광역시 중구 대봉2동 743-7
전화 / (053)422-0550
팩스 / (053)426-9543
홈페이지 / www.maninsa.co.kr

ISBN 978-89-6349-015-1 03810

값 7,000원